STOP

Mon journal emoji™

Super fière !

Texte : Catherine Kalengula.
Conception graphique du roman : Audrey Thierry.
Mise en pages : Caroline Rimbault.

Hachette Livre, 58, rue Jean-Bleuzen, 92178 Vanves Cedex.

Mon journal emoji™

Super fière !

hachette
JEUNESSE

Coucou ! Moi, c'est Lili !

Interdiction formelle de m'appeler Julie !

Je vis avec ma mère, Sandrine, mon beau-père, Olivier, et ma petite sœur, Inès – elle a quatre ans, et disons que *je suis un peu son modèle !*

Pourtant, ma vie n'est pas toujours facile, je vous jure ! J'ai plein d'émotions à l'intérieur de moi. C'est comme un tourbillon ! Heureusement, j'ai trouvé la solution parfaite pour m'aider : **écrire un journal intime**. Bon, OK, il ne peut pas me donner de conseils, mais ça fait du bien de dire ce qu'on ressent, même à un morceau de papier.

Sinon, question confidences, je peux compter sur ma meilleure copine, Emma – **la fille la plus géniale de l'univers** (eh oui, je sais, j'ai une chance INCROYABLE !). Et Marcel, à qui je peux raconter n'importe quel secret. La preuve : je lui lis mon journal chaque soir, et il garde tout ça pour lui. Oui, c'est un chat. Et alors ?

Mercredi

13h37

J'ADORE la danse !

Ce n'est pas la première fois que je l'écris dans mon journal (ça doit même être au moins la centième), mais tant pis. Il faut dire que j'ai **BEAUCOUP** progressé ! Au début, par exemple, je savais à peine mettre les bras en couronne, au-dessus de ma tête…

La honte !

Mais je me suis entraînée.

Et puis Marianne, notre professeure de danse, nous a appris nos premiers enchaînements.

Quand on les réalise, les autres personnes ont l'impression que c'est

super facile et se disent : « Pff, moi aussi, je peux faire pareil ! »

Eh bien, pas du tout !

Chaque mouvement demande énormément de travail, de grâce, de concentration, de précision... Bref : énormément de choses !

Rien que pour placer correctement ses pieds, il faut des semaines d'entraînement. Et maintenant, je pourrais le faire les yeux fermés (enfin, je préfère quand même les garder ouverts, c'est plus prudent !).

Cet après-midi, c'est mamie Alice qui m'emmène à mon cours de danse.

J'ai trop hâte !

Je suis toujours impatiente d'y aller, mais aujourd'hui, il s'agit d'un jour spécial : Marianne nous fait passer les auditions pour le spectacle !

La pièce s'appelle « La Forêt Enchantée », et il y a des rôles pour tout le monde. Les auditions servent juste à choisir qui va jouer quel personnage.

Moi, je rêve d'être une fée-oiseau. Quand Marianne en a parlé, j'ai pensé qu'on serait attachés au plafond avec des élastiques et qu'on se balancerait, comme dans les cirques.

YOU-HOU !

Mais ce n'est pas ça du tout.

– Ce sont tes mouvements qui doivent donner l'illusion que tu es un oiseau, Lili, m'a-t-elle expliqué. En te voyant danser, le public aura l'impression que tu voles. Pour cela, deux mots : **grâce** et **légèreté**. J'en ajoute un troisième :

interprétation, car il faut se mettre dans la peau du personnage.

Me mettre dans la peau de mon personnage ? Message compris !

- J'ai observé les oiseaux du jardin.
- J'ai regardé tous les documentaires animaliers qui passaient à la télé.
- J'ai même failli manger des graines pour savoir quel goût ça avait.

C'est que je suis une vraie pro, moi ! Enfin, j'essaie.

La semaine dernière, à la récré, j'ai montré mon enchaînement à Emma ainsi qu'aux autres (Mathilde, Léa, Paul et Alan).

– Oh, c'était trop joli ! m'a complimentée Em'.

– Merci ! D'après vous, j'interprétais quoi ?

Ils se sont mis à réfléchir. Apparemment, ce n'était pas évident. Alan s'est même gratté la tempe.

– Euh, un dindon ? a-t-il proposé. J'en vois parfois quand je vais chez mon papy, à la campagne. Et ils bougent exactement de la même façon.

– Non, je faisais une fée-oiseau, ai-je précisé avec une grimace.

– Ne t'inquiète pas, c'est pareil, m'a rassurée Em'.

Mouais.

Moi, je n'ai aucune envie de jouer une fée-dindon, ça, non merci... Alors, j'ai encore plus travaillé afin de m'améliorer, et là, je suis prête de chez prête ! Cassandre, ma copine de danse, a

très envie de jouer une fée, elle aussi. J'espère que Marianne nous choisira.

Ce serait TROP génial !

En tout cas, je croise très, très fort les doigts pour que cela arrive !

Il y a plein d'autres rôles : des licornes, des lutins, une princesse, des dragons, et le grand méchant du spectacle n'est autre que le terrible sorcier Astramus. Il a pour but de prendre le contrôle de la Forêt Enchantée !

Comme il n'y a qu'un seul garçon dans notre cours – il s'appelle Louis et il est super gentil –, je pense qu'il sera choisi pour ce rôle.

Oh, j'entends la porte d'entrée. Mamie vient d'arriver ! Je n'ai plus qu'à prendre mon sac de danse, et hop ! je file.

Ou plutôt, je vole !

Mercredi

18h07

Avant les auditions, Marianne nous a demandé de nous échauffer.

– Allez, les enfants, tendez vos jambes et faites-moi de grands battements !

Maintenant, on s'entraîne à la barre, comme de vraies danseuses. **J'adore cet exercice !** Je me place toujours derrière Cassandre mais, aujourd'hui, une fille s'est placée entre nous. Elle s'appelle Mia, et je ne l'aime pas vraiment. Elle passe son temps à se vanter.

Elle a pris des cours de danse quand elle vivait à New-York.

Sa tante est une grande ballerine.

Et patati. Et patata.

Avec Cassandre, on fait comme si on ne l'entendait pas.

– Attention ! m'a-t-elle lancé, d'un ton plutôt désagréable. Tu plies le genou !

– Silence ! l'a sermonnée Marianne.

Et toc ! Mais pour qui elle se prend, Mia ?

Après les échauffements, on a commencé les auditions. J'avais le cœur qui battait à mille à l'heure. Heureusement, Cassandre m'a souri. Je lui ai souri aussi.

Les élèves pouvaient inventer les mouvements qu'ils voulaient. La seule condition : que Marianne réussisse à deviner le personnage interprété. Le premier à passer était Louis. Il a longé la salle, comme s'il pesait trois tonnes, avec l'air très menaçant (sourcils froncés, narines grandes ouvertes, œil aux aguets).

Trop drôle !

– Mon petit doigt me dit que tu veux être un dragon, a supposé Marianne, avec un sourire.

– Oui ! s'est-il réjoui.

Avec Cassandre, on l'a applaudi.

Puis, ça a été au tour de Mia. Je pensais qu'elle voulait le rôle de la princesse, mais non ! Elle s'est mise à tournoyer, en battant des bras. C'était plutôt réussi (même complètement, à vrai dire).

– Tu désires incarner une fée, en a déduit la professeure.

Bien sûr, j'ai dû passer juste après « Miss Perfection »... **Pas de chance !** Mais bon, je ne me suis pas découragée pour autant. J'étais sûre de mon interprétation.

Je me suis plantée au milieu de la salle, les pieds en cinquième position, les bras en première. Puis, j'ai fait mon enchaînement.

– Cui-cui ! Cui-cui !

J'ai mis tout mon cœur dans mes mouvements. **J'étais hyper méga concentrée.**

– Je pense que tes « cui-cui » ne laissent pas de doute sur le rôle que tu souhaites jouer, a commenté Marianne, une fois mon interprétation terminée.

C'est que je ne voulais pas être confondue avec un dindon, moi. (Les dindons, ça fait « glou-glou », pas « cui-cui ».)

Puis, elle a ajouté :

– Tu es une excellente comédienne, Lili.

J'étais plus que contente ! Cassandre s'est super bien débrouillée. Quand elle dansait, on aurait dit qu'elle était aussi légère qu'une plume.

À la fin du cours, j'attendais les résultats. Mais Marianne a frappé dans ses mains.

– Vous avez tous été formidables, nous a-t-elle félicités. Un grand bravo pour votre travail. Malheureusement, la plupart d'entre vous désire jouer des fées, ce qui ne sera pas possible. Je vais donc réfléchir à la répartition des rôles. À la semaine prochaine !

QUOI ?

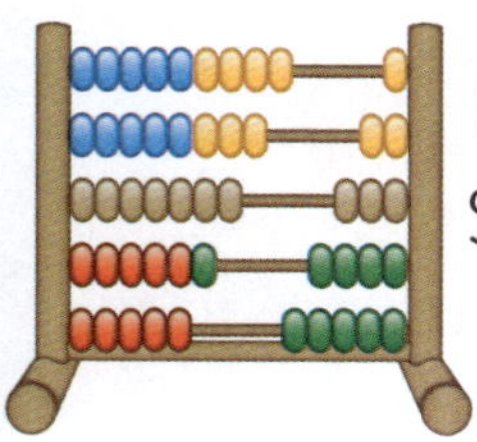

Je vais devoir attendre non pas UN... non pas DEUX... mais SEPT jours ?

Ça fait combien d'heures en tout, ça ?

7 x 24 = 168 heures !

Au secours ! 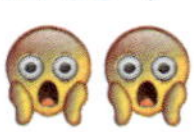

Mais je ne vais jamais réussir à tenir jusque là, moi ! Quel rôle vais-je avoir ? Si seulement j'avais une machine à avancer le temps... je ferais défiler la semaine en un éclair !

Mercredi

20h02

Au dîner, je ne pensais qu'aux auditions et au spectacle. Alors qu'Inès mangeait, je n'arrêtais pas de soupirer devant mes pâtes carbonara. Et pourtant, j'adore ça ! Cette semaine, Olivier n'est pas là, il est en déplacement pour son travail.

– Tu n'as pas faim, ma chérie ? s'est inquiétée ma mère.

– Oh si, si…

Re-soupir.

– Je sais que je ne cuisine pas aussi bien qu'Olivier, a-t-elle plaisanté, mais je pense que ce plat reste quand même mangeable… En tout cas, tu ne risques rien avec ces pâtes.

Inès a fourré une grosse cuillerée dans sa bouche. Ou plutôt, elle a essayé, parce qu'elle en a fait tomber la moitié dans son assiette.

– *Ché crop* bon, a-t-elle commenté, la bouche pleine. *Manche*, Lilidou. Comme *cha*, tu vas grandir. Comme moi !

Sa bouille pleine de crème m'a fait sourire, et je me suis forcée à manger. Les pâtes de maman étaient super méga bonnes. Mais je n'arrivais pas, pour autant, à oublier les auditions. Qu'a pensé Marianne de mon petit numéro d'oiseau qui fait « cui-cui » ? Difficile à dire ! Savoir bien jouer la comédie ne signifie pas forcément qu'elle va me donner le rôle... Si ?

Je devais en parler à ma mère, sinon j'allais exploser.

– J'espère que Marianne va me choisir pour être une fée-oiseau, ai-je lâché. 

– C'est pour ça que tu sembles si préoccupée ? m'a-t-elle demandé.

J'ai hoché la tête.

– Tu veux un conseil, ma puce ? m'a proposé maman.

J'ai acquiescé de nouveau. J'avais peur qu'elle me dise une phrase du type : « Oh, Lili, mais pourquoi tu t'en fais comme ça ? C'est juste un petit spectacle devant les parents. Pas de quoi en faire toute une histoire. » Les parents aiment vous faire sentir que vos problèmes, c'est de la gnognotte comparée aux leurs.

Pff !

Mais pas cette fois. Au contraire : ma mère m'a expliqué que je devais faire comme

s'il y avait des petits tiroirs dans ma tête. J'ouvre l'un d'eux – peu importe lequel – et j'y range le sujet « auditions » jusqu'à la semaine prochaine. Et interdit de le rouvrir avant. Ou même de prononcer les mots « spectacle », « fée-oiseau » et « danse ».

Ça n'a pas l'air si compliqué !

Ma mère affirme que cela ne sert à rien de s'inquiéter. Que ça ne changera rien, de toute façon. Et elle a raison.

J'ai bien suivi son conseil : j'ai même fermé le tiroir à double tour, et j'ai ensuite confié la clé à Marcel – mon chat de confiance.

Ah ! Ça va BEAUCOUP mieux, maintenant !

Jeudi

19h57

Quand je suis arrivée à l'école, Em' m'attendait avec impatience. Elle voulait savoir quel rôle j'avais décroché. Tout comme Alan, Paul, Mathilde et Léa. **Je ne savais plus où me mettre…** Ça faisait des jours que je leur parlais des auditions, qui étaient plus qu'importantes à mes yeux et, surtout, à quel point je voulais un rôle de fée-oiseau.

– Je le saurai la semaine prochaine… ai-je indiqué, la tête baissée. Alors, en attendant, je préfère qu'on ne parle plus de… vous-savez-quoi.

Ils ont tous eu l'air de comprendre – sauf Alan qui a écarquillé les yeux.

Emma s'est penchée à son oreille pour lui expliquer.

– Ah, d'accord ! s'est-il exclamé avant de faire semblant de fermer ses lèvres avec une clé. Motus et bouche cousue !

Ils sont chouettes, mes amis !   Aujourd'hui, je n'ai pas prononcé les mots interdits. *Pas une seule fois.*

Mercredi

13h15

Ça a été dur, mais j'ai réussi à tenir (presque) toute la semaine. De temps en temps, j'ai entrouvert le tiroir – oh ! juste d'un demi-millimètre, avec la permission de Marcel. Et je l'ai refermé aussi sec.

Hier soir, à l'école, Emma m'a dit qu'elle me souhaitait bonne chance pour on-sait-quoi.

Et aujourd'hui, **c'est le grand jour !** Je vais enfin savoir si je vais être une fée-oiseau !

Marcelou est roulé en boule sur mon lit – plus mignon, tu meurs ! – et il me regarde. Rien qu'à ses yeux, je devine qu'il

va penser très fort à moi. Si, si. Ça se voit.

Il a une espèce de petit sourire. Un petit sourire qui signifie : « Je suis sûr que tu vas réussir, ma Lili. » 

Mercredi

18h22

Lorsque je suis entrée dans la salle de danse avec Cassandre, tout le monde avait la même tête que nous : la tête des gens qui n'en peuvent plus d'attendre.

Marianne nous a demandé de nous asseoir en tailleur. *C'était le moment.*

– Bonjour, les enfants, nous a-t-elle salués. Avant toute chose, je vous demande de ne pas être déçus si jamais vous n'incarnez pas le personnage espéré. Tous les rôles sont passionnants, et je suis certaine que chacun de vous aura l'occasion de briller lors du spectacle.

Elle a donc commencé à lire sa feuille, tandis que je croisais fort les doigts dans mon dos.

– Cassandre, tu seras une fée-oiseau, a annoncé Marianne.

J'ai poussé un grand « Yes ! », et ma copine a alors eu un grand sourire aux lèvres ! C'était comme si elle avait gagné à la loterie. J'étais contente pour elle. Je ne la connais pas beaucoup à vrai dire (on ne se voit que pendant les cours et on ne parle que de danse), mais il n'empêche que je la trouve gentille et douce.

– Mia, une fée-oiseau également, a poursuivi la prof. Il reste donc trois places.

Mais, par la suite, j'ai eu beau ouvrir grand les oreilles, je n'ai pas entendu mon nom.

J'étais si déçue !

Je me suis mordu la lèvre, pour ne pas pleurer.

Parce que :

1- Je ne voulais pas avoir l'air d'un gros bébé devant les autres (et surtout devant « Miss Perfection »).

2- Je n'avais pas envie de faire de peine à Cassandre, qui avait l'air toute désolée pour moi.

3- Marianne me regardait.

Elle a continué à donner les rôles. Princesse, dragons – Louis sera leur chef, c'est mérité ! –, lutins, licornes.

Afin de tenir, je m'accrochais aux paroles de la prof : « Tous les rôles sont passionnants, et je suis

certaine que chacun de vous aura l'occasion de briller lors du spectacle. »

Tout ça, c'était bien joli… sauf qu'à la fin, il ne restait plus aucun rôle ! 

J'allais jouer quoi, moi ? Un projecteur ?

J'ai levé la main.

– Madame, je crois que vous m'avez oubliée…  ai-je bredouillé, la gorge serrée.

Les autres me regardaient. Je suis devenue rouge coquelicot.

– Non, Lili, j'ai pensé à toi, bien sûr ! m'a-t-elle rétorqué. Et je crois que tu seras parfaite en… Astramus !

Astramus, le vilain du spectacle ? Ce personnage m'était complètement sorti de la tête ! Sur le moment, je n'ai pas su comment réagir. J'avais un rôle, c'était déjà ça. Mais pourquoi celui-là ?

Je me suis regardée dans les grands miroirs. Je faisais une drôle de tête, comme n'importe qui lorsqu'il se retient de pleurer. Ça pique les yeux et ça fait grimacer. Il faut reconnaître que ce n'était pas la joie...

Me donner le rôle du sorcier ?!

Marianne a dû percevoir mon étonnement et m'a alors dit :

– Ce rôle est primordial, et tes talents d'interprète feront merveille, j'en suis sûre. Bon, maintenant que tout le monde connaît son personnage, il est grand temps de nous mettre au travail ! Le spectacle a lieu dans un mois. Autant dire qu'il va falloir redoubler d'efforts !

Cassandre semblait heureuse pour moi. *Ça m'a touchée !* Et j'ai commencé à comprendre que j'avais beaucoup de chance.

Je ne suis pas une fée-oiseau. Ni même une fée-dindon. Non, c'est mieux que ça : je vais jouer le rôle du méchant. Un rôle unique, *spécial*.

C'est génial !

Dans les vestiaires, j'avais l'impression que mon cœur allait s'envoler. Cassandre n'arrêtait pas de sourire elle aussi.

Mia s'est approchée de moi.

– Je me demande pourquoi Marianne t'a donné ce rôle, alors que tu ne sais même pas danser, s'est-elle agacée. Tout le monde va te regarder ! Tu vas nous coller la honte.

Puis, elle est sortie. Cassandre a secoué la tête.

– Il ne faut pas t'occuper d'elle, m'a-t-elle conseillée. Elle est juste jalouse.

Sans doute. Mais sur le coup, ça a quand même un peu gâché ma joie...

Oh, maman m'appelle. Je crois que mon père est au téléphone.

Mercredi

19h12

Oh non, je n'y crois pas ! Papa veut assister à mon spectacle ! Il va venir de Belgique, exprès ! Il m'a dit qu'il ne pouvait pas rater ma première prestation de danseuse, et qu'il était très fier de moi.

YOU-HOU !

Je suis tellement contente ! 😀 🥰

Il faudra que je pense à remercier Marcel. Là, il est parti se promener dans le jardin – il doit sûrement guetter les oiseaux, le petit coquin. Je suis sûre que c'est lui qui m'a porté chance.

Tiens, le voilà qui revient justement.

J'arrête d'écrire pour ce soir. J'ai une urgence-câlins, ça ne peut pas attendre.

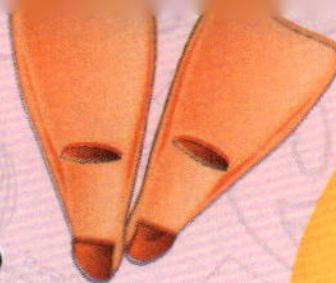

Jeudi

20h32

Ce matin, quand je suis arrivée à l'école, mes amis n'ont pas osé me poser de questions. Mais je voyais bien à leurs têtes qu'ils attendaient le résultat des auditions. J'ai fait semblant d'être triste, juste pour les taquiner.

– Je ne vais pas jouer une fée-oiseau, finalement… ai-je pleurniché.

Em' a posé une main sur mon épaule.

– Tu vas être un dindon ? m'a demandé Alan.

J'ai alors marqué une pause, afin de maintenir le suspense.

– Je vous fais marcher ! ai-je avoué, morte de rire. En fait, j'ai décroché un rôle encore plus important ! Hier soir, j'ai commencé à travailler mon personnage. Et devinez qui je suis...

J'ai marché à pas lourds, le visage grimaçant, le regard méchant. Pour moi, c'était clair comme de l'eau de roche !

– Alors ? ai-je lancé.

– Une mémé qui a mal au dos ? a suggéré Mathilde.

Je l'ai regardée et elle n'avait pas l'air de plaisanter. Qu'Alan se trompe, passe encore. Il a toujours des idées... comment dire... bizarres. Mais Mathilde ?

Et si Mia avait raison ? Et si je n'étais pas à la hauteur ?

Olivier m'appelle. Je reviens.

Jeudi

20h45

C'était mon père au téléphone. Il voulait me dire que mamie Violette allait aussi venir à mon spectacle. Mamie Violette habite en Belgique, et je ne la vois pas souvent.

Elle va faire le déplacement rien que pour moi.

– Tu n'as pas l'air contente, ma puce ? s'est inquiété papa.

– Oh, si ! ai-je répondu, effarée. C'est juste que...

– Que quoi ?

– Rien, rien...

Bien sûr, je suis *SUPER contente* de voir mamie

Violette. Elle a beaucoup voyagé et elle a toujours un tas d'histoires passionnantes à raconter. Elle m'appelle : « Ma petite aventurière ».

Je l'adore !

Mais je ne peux m'empêcher de penser à ce qu'a dit Mia, dans les vestiaires. Et à la remarque de Mathilde aussi...

Pendant le spectacle, je serai Astramus, et tout le monde va me regarder parce que je serai la méchante.

TOUT LE MONDE !

Samedi

9h19

Cette nuit, j'ai fait un cauchemar horrible. C'était le soir du spectacle, et la salle était pleine à craquer – une salle immense, dont je ne voyais même pas le bout. Il y avait des milliers de spectateurs ! La musique a commencé à jouer, et je devais monter sur scène. Mais là, je me suis aperçue que j'étais toute seule. Les autres avaient disparu ! 😨 Le pire, c'est que les parents me regardaient, et moi, j'avais totalement oublié ce que je devais faire. Je restais plantée, **incapable de bouger**.

Comme une statue. Et les gens ont fini par pousser de grands :

L'horreur !

– *Bouuuh !*

Je ne veux plus jouer Astramus !

Finalement, je préfère être un lutin. Ou même un arbre, tiens ! Au moins, comme ça, le public ne fera pas attention à moi.

Pourquoi Marianne m'a-t-elle donné le rôle du méchant ? *Pourquoi ?*

Mercredi, j'irai la voir, et je lui demanderai de trouver quelqu'un d'autre pour le rôle d'Astramus. Voilà !

Mercredi

18h00

Finalement, je n'ai pas eu le courage d'aller parler à Marianne. Quand je suis arrivée dans la salle, elle m'a souri. Si je lui avais dit que je ne voulais plus jouer Astramus, elle aurait sûrement été très déçue !

– En place ! nous a-t-elle lancé. Nous n'avons pas une minute à perdre.

On a énormément travaillé. Marianne nous a dit qu'on devait donner le meilleur de nous-mêmes pour le spectacle. Que nos parents seraient là, et qu'ils espéraient passer un bon moment.

Comme si je ne le savais pas ! Mon père vient de Belgique, avec mamie Violette. Il y aura aussi ma mère, bien sûr, Olivier, Inès, mamie Alice et papy Jacques.

Je ne peux pas les décevoir ! Et si Marianne m'a confié ce rôle, c'est qu'elle compte sur moi, non ? Plus j'y pense, plus mon estomac fait le yoyo.

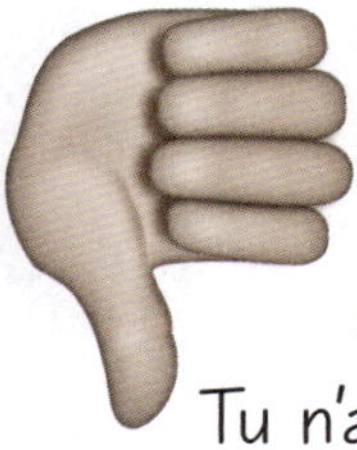

– Lili, que t'arrive-t-il, aujourd'hui ? m'a-t-elle reproché. Tu n'as pas l'air concentrée !

– Pardon, madame... ai-je balbutié.

C'est vrai que j'avais la tête complètement ailleurs. Je pensais au jour du spectacle et à tous ces yeux qui me regarderaient. J'aurais tellement préféré être une fée-oiseau ! Les fées-oiseaux sont cinq, et s'il y en a une qui se trompe, ça ne se verra (presque) pas.

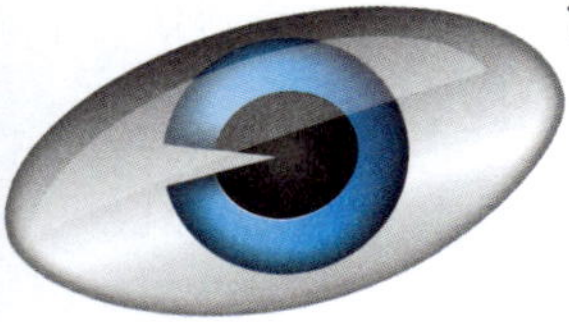

Tandis que moi, si je fais une erreur, même une mini-riquiqui, ce sera la catastrophe...

Au secours !

J'étais tellement distraite que j'ai fait n'importe quoi, aujourd'hui. J'ai même percuté Louis, qui a failli tomber. OK, je suis censée être la méchante, mais ce n'est pas une raison pour zigouiller le chef des dragons.

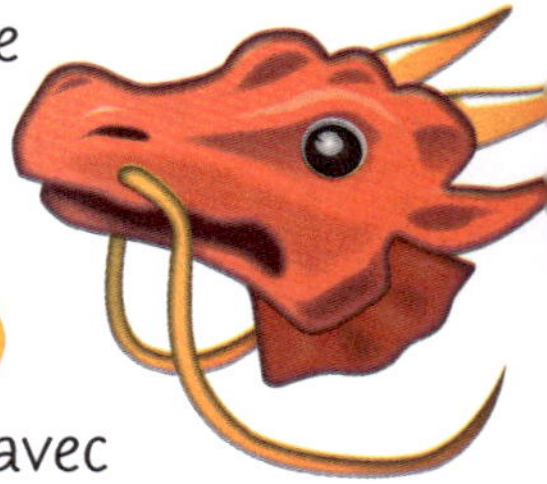

– Désolée... lui ai-je dit.

– Pas grave, a-t-il répondu, avec un sourire.

Mia a rigolé. Marianne a froncé les sourcils.

– Lili, un peu de sérieux, s'il te plaît.

– Oui, madame...

Une fois la leçon terminée, j'ai fui dans les vestiaires aussi vite que j'ai pu. Mia m'observait. Elle semblait

penser : « Je savais bien que tu étais trop nulle pour ce rôle, ah, ah, ah ! »

En tout cas, c'est ce que je me disais, moi.

Avec Cassandre, on s'est changées, puis on est sorties du bâtiment pour attendre nos parents. En principe, c'est papy Jacques qui devait venir me chercher. Mais il était en retard (ce qui lui arrive souvent : entre son club de foot et ses bénévolats, il est dé-bor-dé).

Les autres élèves sont partis, et je suis restée seule avec Cassandre.

Cassandre, elle ne parle pas beaucoup. C'est une fille très calme, qui a toujours l'air de réfléchir à des choses importantes. Je crois qu'elle est super intelligente, en fait. La preuve : elle a vite deviné que quelque chose n'allait pas.

– Tu as le trac, Lili ? m'a-t-elle demandé.

Le *trac*. Alors, c'est ça, cette grosse peur qui vous tortille le ventre et qui vous donne une seule envie : fuir en courant ?

J'ai acquiescé.

– Moi aussi, a-t-elle avoué, avec un soupir. Ça te dirait de venir répéter chez moi, samedi après-midi ? Mon père a aménagé une salle de danse dans notre grenier. Enfin, tu peux dire non, tu sais. Ça ne me vexera pas.

– Oh mais si ! Je veux venir ! me suis-je écriée. **C'est super gentil, merci !**

Elle m'a délivré un grand sourire, comme si ça lui faisait *vraiment* plaisir.

Ce soir, j'ai toujours autant le trac. Mais quand je pense à Cassandre, je me sens un peu moins seule. ✨

Mercredi

20h23

Après le dîner, j'ai parlé à ma mère de l'invitation de Cassandre. Ma copine de danse est super organisée ! Elle m'a déjà donné son adresse et le numéro de téléphone de ses parents, au cas où. Maman était épatée.

– Eh bien, voilà ce que j'appelle une jeune fille très prévoyante, a-t-elle commenté. Vous allez répéter pour le spectacle, c'est ça ? 👯

– Oui, on a encore beaucoup de travail ! ai-je répondu, en insistant bien sur le « beaucoup ».

Maman m'a examinée, comme si elle cherchait à lire dans mes pensées. Elle fait souvent ça (c'est un peu effrayant au début, mais à la longue, on s'habitue).

– J'espère que tu ne te mets pas trop la pression, ma chérie. Tu sais que nous serons très fiers de toi, quoi qu'il arrive.

Je sais. Mes parents ne me diront jamais que je suis nulle.

Oh NON, quelle horreur !

Seulement, moi, je veux qu'ils soient *fiers*, pour de vrai. Pas parce qu'ils m'aiment comme je suis, non, mais parce que je danse bien. Et que je peux aussi être une terrible Astramus !

Cependant, quand je m'entraîne à faire la méchante, dans ma chambre, à grogner et à grimacer, Marcel se met à bâiller.

Ce n'est pas gagné !

Samedi

19h12

Aujourd'hui, Olivier m'a emmenée chez Cassandre. Mais il devait d'abord conduire Inès chez Margot, l'une de ses copines qui fête son anniversaire. Je la connais, on se fait souvent coucou à travers la grille qui sépare l'école primaire de l'école maternelle. Elle est trop mignonne !

Ma petite sœur était super excitée. Elle n'arrêtait pas de bavarder !

- De tous les jeux qui étaient prévus.
- Des bonbons qu'avait achetés la maman de Margot.
- Et du grand dessin animé que sa copine et elle allaient regarder.

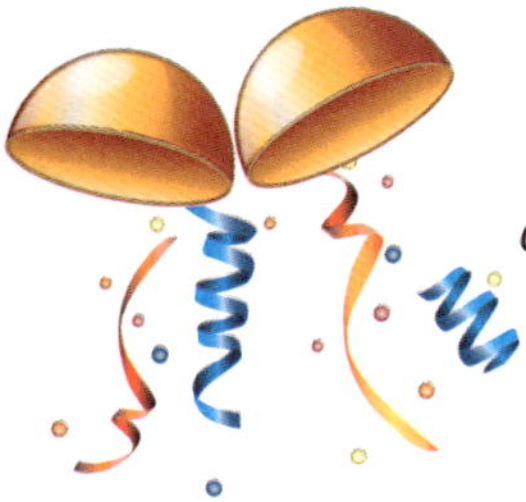

Je savais déjà tout de la fête, alors qu'elle n'avait même pas commencé !

Ça tombait bien, moi, je n'avais pas envie de parler. En fait, il y avait deux Lili : une Lili contente d'aller répéter avec sa nouvelle amie (enfin, j'espère qu'on pourra devenir amies !), et une autre qui ne pensait qu'à une chose : Astramus.

Comment jouer un méchant quand on est aussi effrayante qu'un... ours en peluche ?

Mission impossible ! Je vais être ridicule. Complètement ridicule. Une vraie cata...

– Lilidou, tu peux descendre faire un bisou à Margot, s'il te plaît ? m'a demandé Inès, une fois sur place. Elle dit que tu es trop gentille !

Et voilà, qu'est-ce que je disais ? Appelez-moi « le gros doudou ambulant » !

– OK... ai-je marmonné.

J'ai embrassé Margot qui m'a donné un tas de bonbons. Puis, on est repartis, direction un autre quartier de la ville. J'étais plongée dans mes pensées.

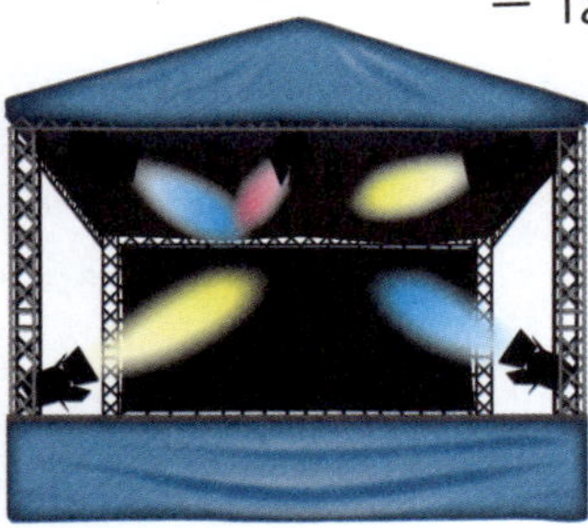

– Ta maman m'a dit que tu tenais un rôle important dans ton spectacle, m'a soudain lancé Olivier, derrière le volant. Toutes mes félicitations, Lili !

– Hein ? ai-je répondu, en sursautant. Euh, oui, merci...

– Ça n'a pas l'air de t'enchanter ?

– Oh, si, si, ai-je affirmé. Le problème, c'est que... Non, non, rien.

À quoi cela servait-il de parler ? Je savais déjà ce qu'Olivier allait me dire. La même chose que maman : que je ne devais pas m'inquiéter et qu'ils seraient heureux de me voir danser, même si je suis aussi gracieuse qu'un fer à repasser. 

– Tu veux un coup de main ? m'a-t-il proposé. Pour la danse, je ne peux rien faire pour toi, malheureusement, je bouge comme

un manche à balai… (j'ai ri) mais, en revanche, je m'y connais en méchants. J'adore les films de *fantasy* et, dans ces histoires, il y a toujours un vilain sorcier. Si tu veux, je te montrerai comment les imiter ?

Quelle question ! Je me suis dépêchée de hocher la tête. 

Parfois, je trouve ça très difficile d'avoir des parents séparés. Surtout des parents qui vivent aussi loin l'un de l'autre. Je voudrais pouvoir les voir TOUS les jours.

Franchement, est-ce que c'est trop demander ?

Emma, par exemple, passe Noël avec ses deux parents, TOUS les ans. Moi, c'est chacun son tour. Pareil pour les anniversaires et les vacances.

Pas juste !

Mais parfois, je me dis aussi que **j'ai une chance d'enfer.**

Petit un : Mes parents m'aiment très fort, même quand j'ai des mauvaises notes à l'école ou qu'au lieu de ranger ma chambre, je glisse tout mon bazar sous mon lit (en vrai, je l'ai juste fait une fois, parce que j'étais pressée d'aller chez Emma).

Petit deux : il y a Olivier. Olivier, ce n'est pas mon papa, mais je suis bien contente qu'il soit là. Vraiment.

Oups, il faut que j'arrête d'écrire. Inès m'appelle pour le dîner. 

Dimanche

10h08

Je reprends donc : hier, j'ai passé un super après-midi chez Cassandre ! Elle habite dans une jolie maison, avec un jardin et une balançoire (j'adore les balançoires). Lorsqu'on est arrivés, Olivier a discuté un peu avec la mère de ma copine – qui est très gentille. Puis Cassandre m'a fait signe de la suivre au grenier.

– Voici mon royaume, m'a-t-elle annoncé, les joues rouges.

J'ai poussé un grand « Waouh ! ». Son grenier ressemble à un vrai studio de danse ! Avec miroirs, barres, et tout ce qui va avec ! La chance !

– **C'est trop, trop beau !** me suis-je exclamée, des étoiles dans les yeux.

Elle avait l'air contente. On s'est changées avant de se mettre au travail. Mercredi, Marianne nous a montré nos enchaînements, et il y avait aussi ce qu'elle appelle : « Le tableau final ». Autrement dit, à la fin du spectacle, tous les élèves danseront ensemble sur scène.

– Je peux te montrer mes mouvements ? m'a demandé Cassandre. 

Et hop, elle s'est mise à voler à travers la pièce. Enfin, bien sûr, elle ne *volait* pas vraiment, mais c'était comme l'avait expliqué Marianne. Cassandre donnait l'impression d'être un oiseau. J'ai applaudi à la fin de sa prestation.

Ma copine a soupiré.

– C'est gentil, mais moi, je ne suis pas satisfaite. Je me trouve... nulle.

QUOI ? Je n'en revenais pas. Si elle, elle était nulle, alors moi, j'étais quoi ? Je préférais ne pas savoir...

– Arrête ! ai-je rétorqué. Tu fais partie des meilleures élèves !

– Je voudrais être encore meilleure... a-t-elle murmuré. Tu vois ce grenier ? Mon père voulait que je m'exerce dans de bonnes conditions. Pour entrer à l'école de l'Opéra de Paris, il faut travailler très dur. Mes parents croient beaucoup en moi, tu comprends ? Je dois être au top pour le spectacle. Il sera filmé, et ça pourra me servir par la suite.

Ça alors ! Je ne savais pas que c'était aussi important pour elle ! Moi, j'ai juste peur de décevoir **TOUTE** ma famille qui sera là au **GRAND** complet. Mais Cassandre, elle a carrément peur de ne pas pouvoir réaliser son RÊVE !

On aurait dit qu'elle allait se mettre à pleurer. Qu'est-ce que je pouvais faire ? C'est qu'on ne se connaît pas encore beaucoup, elle et moi… J'ai repensé à Em'. Dès que j'ai un souci ou que je suis triste, elle me sort une blague pour me faire rire.

Ça marche à tous les coups.

– Tu es géniale, ai-je déclaré. On voit tout de suite que tu es une fée-oiseau. Je te jure, tu n'as même pas besoin de faire « cui-cui » !

Elle a ri. **Mission réussie.**

On a repris nos enchaînements, et Cassandre m'a aidée à corriger mes pas. C'était chouette ! Puis on est descendues à

la cuisine pour prendre le goûter. Après tous ces exercices, j'avais l'estomac dans les chaussons de danse ! La mère de Cassandre – qui s'appelle Virginie – avait préparé une grande salade de fruits frais.

Miam !

– J'espère que tu aimes ça, Lili ? m'a-t-elle demandé.

Moi, j'avais tellement faim que j'aurais mangé n'importe quoi, de toute façon.

– Oh oui, madame ! ai-je répondu.

– Formidable, s'est-elle réjouie. Quand on fait de la danse, il faut manger sain et équilibré.

Personnellement, je n'aurais rien eu contre une part de gâteau au chocolat, mais bon.

Cassandre m'a ensuite expliqué qu'elle invitait rarement des copines à la maison.

– Avec la danse, je n'ai pas trop le temps, tu sais, m'a-t-elle avoué.

En attendant Olivier, elle m'a montré sa chambre. Il y avait des posters de ballerines du sol au plafond !

J'adore la danse. Mais je crois que Cassandre l'aime encore plus.

Dimanche

17h14

Cet après-midi, Olivier m'a montré comment jouer les méchants. Il s'est inspiré des films qu'il aime, comme *Le Seigneur des Anneaux*, *Bilbo le Hobbit* ou encore *Harry Potter*. On a d'abord regardé des extraits sur son ordinateur. Moi, je voulais voir les films en entier, mais ma mère a dit que je n'étais pas encore assez grande.

Pas assez grande ? Je devrais peut-être lui rappeler ma date de naissance, de temps en temps ?

Bref, passons.

Après les visionnages, Olivier m'a demandé de répéter les scènes avec lui.

Il imite super bien Voldemort !

– Harry Potter, a-t-il chuchoté d'une voix lente et essoufflée. Tu ne m'échapperas pas, cette fois !

Quel comédien ! Un peu plus et il allait me faire peur (heureusement, il est beaucoup

moins laid que le personnage qu'il interprétait et, surtout, il a un nez, contrairement à Voldemort...). Il m'a raconté qu'il faisait du théâtre au lycée, et qu'il aimait beaucoup ça.

Je ne savais pas !

– À toi, maintenant, m'a-t-il encouragée.

J'ai cessé de sourire, j'ai plissé les paupières et j'ai pointé un doigt menaçant vers ma petite sœur qui passait par là.

– Inès Potter, tu ne m'échapperas pas, cette fois !

– Au secours ! a-t-elle crié.

Je me suis amusée à la poursuivre à travers toute la maison, et ça s'est terminé en grande séance de chatouilles sur le canapé.

Qu'est-ce qu'on a ri !

Olivier m'a assuré que je serai une méchante tout à fait convaincante. Selon lui, personne ne me prendra pour une mémé pleine de rhumatismes, ni pour un ours en peluche géant.

– Et je ne dis pas ça pour te faire plaisir, a-t-il insisté.

Je le crois.

D'abord, Olivier ne me ment jamais.

Ensuite, c'est quand même un expert en méchants !

Il est allé chercher de vieilles photos du temps où il jouait la comédie, au lycée. Il portait un pull à carreaux, de grosses lunettes et il avait les cheveux longs.

Trop drôle !

Il m'a aussi promis qu'un jour, on regarderait tous ses films préférés ensemble (et pas quand j'aurai quatre-vingt-dix ans !).

Moi, je l'ai serré très fort dans mes bras.

Mercredi

17h47

Les semaines ont filé à toute vitesse ! Entre les entraînements chez Cassandre (j'ai pu y aller chaque samedi, c'était trop bien !) et les cours avec Marianne, j'ai été très occupée. La preuve : je n'ai même pas eu le temps d'écrire dans mon journal.

Mais ce soir, j'ai un truc INCROYABLE à raconter !

Aujourd'hui, c'était la répétition générale, en vue du spectacle qui a lieu samedi, et on a découvert l'endroit où il se déroulerait. Un beau théâtre, avec des fauteuils rouges, des rideaux en velours et...

Une vraie scène !

Quand je l'ai vu, mon trac est revenu d'un coup.

VLAM !

On va vraiment danser là ? Mais je ne suis pas une star, moi ! Je suis juste Lili, une toute, *toute* petite danseuse qui fait ce qu'elle peut...

– C'est superbe, a chuchoté Cassandre.

Elle avait l'air émue. Maintenant, je la connais mieux, et on rigole bien, toutes les deux. On parle de notre trac aussi. Je lui ai dit qu'elle serait géniale pendant le spectacle. Et elle m'a répondu exactement la même chose !

On se soutient, quoi !

On est tous allés se changer dans les loges, avant de rejoindre Marianne.

– On commence par le tableau des fées-oiseaux ! a-t-elle annoncé. En place !

Cassandre a été géniale (Qu'est-ce que j'avais dit ?), même si Mia n'arrêtait pas de lui jeter des regards envieux. Les élèves se sont succédé, puis ça a été mon tour. Ou plutôt, au tour d'Astramus. Les lumières se sont éteintes – sauf une, pour m'éclairer –, et je me suis retrouvée seule sur scène.

L'angoisse !

Je voulais danser – ou au moins, faire quelque chose –, mais j'étais paralysée. La salle me paraissait immense, effrayante. Et tous les autres élèves me regardaient.

C'était comme dans mon cauchemar ! 

– Inspire profondément, Lili, m'a conseillée Marianne. C'est juste une répétition. Lance-toi quand tu veux.

J'ai essayé. Vraiment. Mais... je n'y suis pas parvenue. À la fin, celle-ci m'a demandé de descendre, et je suis allée m'asseoir à côté de Cassandre. J'avais tellement honte que j'aurais voulu me cacher sous terre. M'évaporer.

Pouf !

– Tu vas y arriver, m'a-t-elle réconfortée.

Mais je pouvais entendre les rires de Mia, derrière moi. Pour le coup, je n'avais plus envie de disparaître.

J'étais plutôt super agacée !

Après les répétitions, retour dans les loges pour se rhabiller. Mais d'abord, j'avais besoin de faire un arrêt aux petits coins. Et forcément, sur qui je tombe ? Mia, en train de se laver les mains.

Grrr !

– Hum, laisse-moi deviner quel est ton personnage ? s'est-elle moquée. Un buisson ?

– De toute façon, tu n'es qu'une grosse jalouse ! ai-je rétorqué, furieuse. (C'est déjà assez dur comme ça d'avoir le trac, pas la peine d'en rajouter !). Et d'ailleurs, puisque tu es si douée, pourquoi est-ce que tu n'as pas essayé d'avoir le rôle de la princesse ?

À ma grande surprise, elle s'est mise à balbutier :

– Ben... En fait...

C'est à cet instant que j'ai compris. Mia a peur de danser seule sur scène, elle aussi ! Elle n'est pas si sûre d'elle, finalement.

Au fond, tout le monde peut avoir le trac. Sauf que certains (dont Miss Pas-si-parfaite-que-ça) savent mieux le cacher que d'autres.

Voilà.

Vendredi

22h41

Ce soir, je ne suis pas chez moi. Comme mon père et mamie Violette sont arrivés de Belgique aujourd'hui, ils ont loué un appartement pour le week-end et je passe la nuit chez eux.

Le bonheur !

Avec papa, on a toujours un tas de choses à se raconter et on rit sans arrêt. J'adore quand il est là. Le seul problème, c'est que ces moments filent toujours trop vite. Un jour, j'aimerais que les scientifiques étudient la question suivante : pourquoi est-ce qu'une leçon de géométrie a l'air de durer mille ans, alors qu'une journée avec mon papa s'écoule en une minute ? Hein ? Il y a quand même un truc qui n'est pas normal, là !

Au dîner, mamie Violette m'a questionnée à propos du spectacle, et elle m'a demandé comment je me sentais.

– Pendant la répétition générale, je n'ai pas réussi à danser... ai-je avoué.

– Une fois, quand j'étais jeune, j'ai dû partir en Amazonie pour mon travail, m'a-t-elle expliqué. Je n'y étais encore jamais allée auparavant et je pensais aux serpents, aux piranhas... J'étais morte de peur.

– Toi ? me suis-je étonnée (moi, je croyais qu'elle n'avait peur de rien, comme Wonder Woman !).

Samedi

12h36

C'est le grand jour, et j'ai le trac, le trac, **le TRAC !**

P.S. : je n'ai rien d'autre à ajouter, pour l'instant.

Samedi

23h11

Il est tard et je suis fatiguée, mais tant pis. Je dois absolument écrire dans mon journal, même si je finis par m'endormir dessus.

Quand on est arrivés au théâtre, Marianne nous a aidés à enfiler nos costumes et à nous maquiller.

J'étais horrible. **C'était trop bien !** J'avais le visage verdâtre et les yeux entourés de noir. Je ne me reconnaissais même plus !

– Tu es vraiment effrayante, m'a complimentée Cassandre.

– Merci !

Devant un autre miroir, Mia était verte, elle aussi, mais ça n'avait rien à voir avec du maquillage. On aurait plutôt dit qu'elle allait vomir. Ou s'évanouir. Ou les deux à la fois.

Moi aussi, je me sentais nerveuse. J'avais les jambes qui tremblaient.

Dans la salle, la musique a commencé à jouer. Le moment était venu ! J'ai encouragé Cassandre – je l'observais, cachée derrière les rideaux. Le décor était top, avec des arbres en carton et un faux château, dans le fond (le palais ensorcelé d'Astramus).

Quelques minutes plus tard, Marianne m'a informée que c'était mon tour.

– Lili, amuse-toi, d'accord ?

J'ai hoché la tête, puis je suis entrée en scène, comme si je sortais de mon château. Ma famille

était assise au premier rang, comme prévu. Mais pas seulement ! Il y avait aussi Emma, Mathilde, Paul et Alan.

Quelle surprise ! Hier, à l'école, ils m'avaient pourtant dit qu'ils ne pouvaient pas venir – les petits cachottiers !

Là, ils me regardaient, morts de rire.

Ça m'a fait quelque chose. Je me suis sentie légère, tout à coup, heureuse. Mamie Violette avait raison : une fois sur scène, j'ai oublié mon trac. Et s'il en restait encore un peu, il a complètement disparu quand j'ai vu mes amis.

De quoi est-ce que j'avais peur ? J'avais travaillé dur avec Cassandre, et je connaissais tous les pas par cœur.

J'ai levé un doigt menaçant, sous l'œil expert d'Olivier qui me souriait.

– Bientôt, la Forêt Enchantée sera à moi ! ai-je grondé d'une voix rauque. À moi ! Ha, ha, ha !

J'ai failli me faire peur à moi-même. Puis j'ai dansé, comme si je lançais des sorts à tout va. Je me suis juste... amusée.

Ça faisait des semaines que je pensais au spectacle, et soudain, *POUF !*, c'était déjà terminé.

Hallucinant.

Ma famille était fière de moi, pour de vrai. Je le voyais à leurs visages et à leurs sourires.

– Tu m'as flanqué une de ces frousses ! m'a félicitée Olivier.

C'était le plus joli compliment qu'on pouvait me faire.

Je flottais sur un nuage. 

Je ne disais rien, mais je souriais jusqu'à n'en plus pouvoir. Impossible de m'arrêter.

Em' criait si fort : « Lili, t'es trop géniale ! » que tout le monde nous regardait. Ça ne l'a pas empêchée de continuer. Cassandre a rejoint ses parents. Eux aussi avaient l'air super fiers d'elle.

Mamie Violette s'est penchée à mon oreille (avec Em', difficile de se faire entendre).

– Bravo, ma petite aventurière.

Je ne sais pas si je combattrai d'énormes serpents ou des poissons pleins de dents, quand je serai grande. Mais aujourd'hui, j'ai réussi à vaincre mon trac, et ce n'est déjà pas si mal, non ?

As-tu lu les cinq premières aventures de Lili ?

Tome 1

Tome 2

Tome 3

Tome 4

Tome 5

Table

hachette s'engage pour l'environnement en réduisant l'empreinte carbone de ses livres. Celle de cet exemplaire est de :
400 g éq. CO_2
Rendez-vous sur
www.hachette-durable.fr

PAPIER À BASE DE FIBRES CERTIFIÉES

Photogravure Nord Compo - Villeneuve-d'Ascq

Imprimé en Roumanie par G. Canale & C. S.A.
Dépôt légal : novembre 2019
Achevé d'imprimer : octobre 2019
78.6687.7/01 – ISBN 978-2-01-710520-6
Loi n° 49956 du 16 juillet 1949
sur les publications destinées à la jeunesse